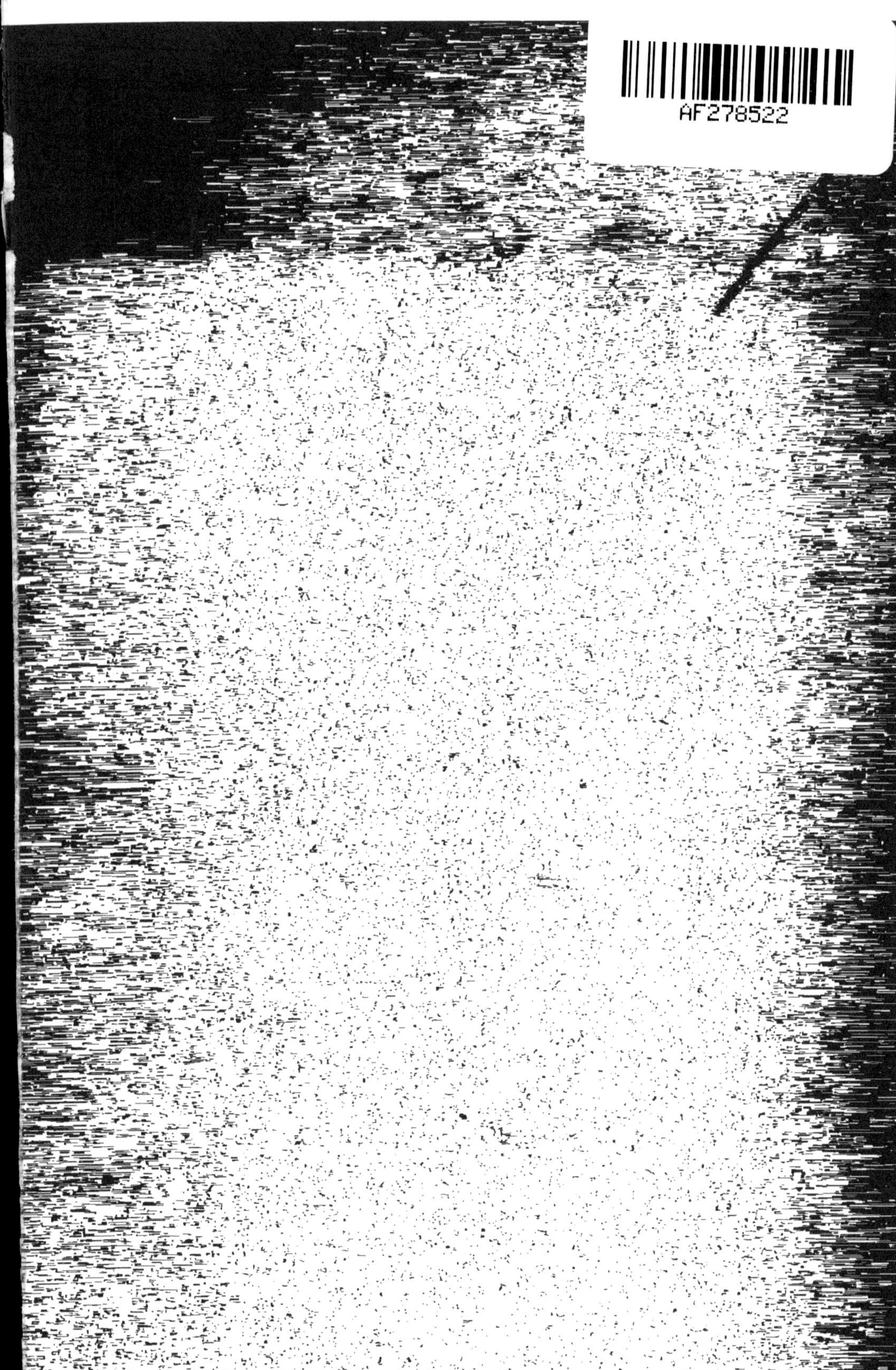
AF278522

ELOGE HISTORIQUE

DU DOCTEUR VIAL

PRONONCÉ DEVANT

La Société de Médecine de St-Etienne et de la Loire,

Dans la séance du 14 août 1861,

PAR

Le docteur A. RIEMBAULT,

Médecin de l'Hôtel-Dieu.

Extrait des Annales de la Société de Médecine de Saint-Etienne
et de la Loire.

SAINT-ETIENNE,
Imprimerie et lithographie de J. PICHON, rue Brossard, 9.
1861.

ÉLOGE HISTORIQUE DU DOCTEUR VIAL,

Par le docteur A. RIEMBAULT.

MESSIEURS,

Lorsque le bruit se répandit à Saint-Étienne que le docteur VIAL venait de mourir (12 mai 1861), tout le monde fut affligé comme de la perte d'un ami.

C'est un beau spectacle que de voir toute une grande cité en deuil le jour où elle perd un homme de bien. Rien n'est plus éloquent que cette manifestation spontanée de regrets universels ; et mes paroles, eussent-elles l'autorité qui leur manque, n'ajouteraient rien à ce touchant hommage.

Pierre VIAL naquit au Chambon-Feugerolles, village voisin de Saint-Etienne, le 11 mars 1799

Son père, ancien négociant en quincaillerie, avait longtemps séjourné en Espagne, où il avait fait un commerce lucratif. — De retour en France dans les plus mauvais jours de la révolution, il fut contraint d'accepter des assignats sans valeur en remboursement d'une somme considérable.

Presque ruiné, épuisé par les soucis et les déceptions, il mourut au commencement de ce siècle, laissant une veuve et deux fils en bas âge. — Cette respectable femme fut à la hauteur de la situation qui lui était faite. — Disposant de faibles ressources, elle s'imposa les plus dures privations afin de pouvoir donner à ses enfants les bienfaits d'une éducation soignée.

Elle les envoya au collége des Oratoriens à Tournon.

Pierre VIAL s'y montre déjà tel qu'il sera par la suite, doué d'un caractère facile, d'une humeur joyeuse, d'une intelligence ouverte. — Quoique à peine âgé d'une douzaine d'années, il annonce l'intention formelle de devenir médecin. — Sa voie est trouvée. — Tout dès lors va converger vers ce but.

Pressentant que pour marcher sûrement vers l'avenir, il fallait posséder la connaissance des choses antiques, il s'appliqua à les pénétrer et à les comprendre; et, à ce moment de la vie où les travaux assidus découragent tant d'imaginations, le jeune VIAL trouva dans l'étude sérieuse des lettres un attrait puissant.

Il s'était formé dans ce collége une manière d'académie, composée des meilleurs élèves. — Pierre VIAL y eut plus d'une fois les honneurs de la séance, grâce à quelques pièces de vers légèrement satyriques ou à quelques quatrains bien tournés.

Bientôt des études plus sérieuses le réclament. Au mois d'avril 1818, il se rend à Paris, où il obtient le diplôme de bachelier ès-lettres.

Il revient bien vite à Lyon. — Il va enfin aborder les sciences médicales. — Là, rien ne fatigue son zèle et son ardeur. Les travaux de l'anatomie si pénibles, si répugnants au premier abord, attirent et passionnent son esprit positif.

Nommé interne des hôpitaux, il entre en fonctions en 1821.

L'internat est une admirable institution, sous quelque point de vue qu'on l'examine. — Elle fournit à la société des jeunes médecins expérimentés et instruits, et qui ont acquis leur expérience et leur instruction en prodiguant aux malades des soins dévoués, intelligents et parfaitement conformes à la direction du chef de service.

Progrès de la science, amélioration des soins aux malades, double but qu'elle se propose et qu'elle atteint!

Appelons donc de nos vœux le jour où l'administration des hôpitaux de notre ville établira l'institution de l'internat qu'elle a décrétée en principe dans ses règlements!

C'est pendant les trois années qu'il passe à l'Hôtel-Dieu, à la meilleure des écoles, je veux dire l'observation des malades, sous des maîtres habiles et ardents à l'étude, que Vial acquiert cette instruction solide, ce coup-d'œil sûr, cette sage prudence dont il donna tant de preuves par la suite, et qui lui valurent tant de succès.

Dans un certificat délivré par le Conseil général d'administration des hôpitaux civils de Lyon, il est relaté « Que Vial a rempli ses fonctions
» avec zèle et intelligence; qu'en outre, il s'est fait
» remarquer par son assiduité, sa douceur envers
» les malades et ses soins dans les pansements;
» qu'il a obtenu un prix d'émulation entre les
» élèves en chirurgie; qu'il a donné des preuves
» d'habileté dans les opérations qui lui ont été

» confiées, et qu'il a su mériter par son caractère
» et sa conduite, l'estime et la confiance de ses
» chefs. »

Ce n'était point là, Messieurs, un certificat banal, et d'ailleurs, s'il en était besoin, les faits suivants suffiraient à lui donner de la valeur.

Lorsque Mortier, chirurgien-major de l'Hôtel-Dieu, si jeune et si plein d'avenir, tomba atteint de la maladie qui devait l'emporter, il voulut, sentant sa fin approcher, laisser un souvenir à son élève.— Vous trouverez, dans votre bibliothèque, l'ouvrage qu'il lui donna alors avec une suscription noble et touchante.

L'administration, après la mort si regrettable et si rapide de Mortier, dut, en attendant l'élu d'un concours, pourvoir à son remplacement. — Ce fut Vial qu'elle désigna pour remplir les fonctions d'aide-major; et, pendant huit mois, il dirigea à l'Hôtel-Dieu de Lyon, un service de chirurgie important.

Rien n'était plus propre à récompenser son zèle et ses services, et à compléter ses études.

Sa thèse qu'il soutint le 11 décembre 1824, est composée de la relation des faits principaux qu'il observa durant ces huit mois.

On a du plaisir à lire cette œuvre d'un débutant qui, cependant, ne contient point d'aperçus originaux sur les faits en question, mais on y trouve les qualités qui font le vrai médecin — de l'instruction, de l'intelligence, et surtout du cœur et un jugement droit.

Ce sont, en effet, les qualités foncières, indispensables qui peuvent suppléer toutes les autres ; elles ne rendent pas toujours un homme illustre, mais toujours elles font un médecin utile. VIAL a de plus un caractère affable, gai ; il est d'un extérieur agréable, et doué d'une santé robuste. Notre jeune docteur arrive donc à Saint-Etienne, à l'âge de 26 ans, avec toutes les conditions du succès.

Mais c'est une tâche difficile et périlleuse pour un jeune médecin que de débuter dans une grande ville, où toutes les positions sont occupées, et de viser à se faire jour au milieu d'hommes capables et expérimentés.

Heureux ceux qui échappent à ces angoisses pénibles, à cette énervante inaction, où languit souvent le jeune médecin à son début !

Au premier moment VIAL s'étonne, depuis qu'il possède ce titre de docteur qu'il a tant ambitionné, et qui lui a coûté de si rudes labeurs, sa confiance l'abandonne, à vingt ans l'imagination nous représente les choses sous un aspect très-riant mais malheureusement peu réel, et, aux premières difficultés de la vie, le mirage des illusions s'évanouit.

Cependant il sent sa force et ne se trouve pas au-dessous de sa position. — Mais il est plus habitué au commerce d'Hippocrate, de Sydenham et autres grands maîtres, qu'à la manière de vivre et de plaire dans le monde, et le voilà mêlé tout d'un coup, lui si jeune, avec des personnes haut placées par leur autorité, leur mérite, leur fortune, respectables par leur âge et leurs vertus, qui viennent se soumettre à ses conseils. — Les conseils, il ne sera pas embarrassé pour les donner et même pour les donner bons, mais de quelle manière les présenter, de quelle forme les revêtir, comment les faire accepter, les imposer ?

S'il s'agissait de ces pauvres gens qu'il a longtemps soignés dans les hôpitaux, il saurait trouver dans son esprit et dans son cœur, la note juste. Ici, l'étiquette le retient, la crainte de paraître embarrassé le paralyse, et il dit en tremblant des choses qui eussent semblé bien plus judicieuses, s'il avait eu plus d'aplomb.

La timidité, cette pudeur morale qui est le propre des esprits posés, réfléchis, combien elle est préférable à l'outrecuidance de ces gens qui ne doutent de rien, qui répondent de tout, affirment surtout, et, finalement, réussissent à jeter de la poudre aux yeux des sots.

Vial a conscience de sa valeur, mais il n'a point encore acquis par la fréquentation du monde, le bien mince, mais bien utile mérite de se faire apprécier à sa valeur.

Aussi on le voit, malgré son heureux caractère, prendre quelquefois un air triste et inquiet.

Un homme éminent à qui l'avenir réservait un grand rôle, le docteur Lanier le soutient dans ses moments de défaillance. Plein de confiance dans ses lumières et son jugement, il lui prédit le succès, le charge à l'occasion de soigner ses malades, et bientôt après, quand il quitte Saint-Etienne, il le recommande à ses clients comme digne de lui succéder.

Vial dès lors va commencer cette carrière heureuse qu'aucun nuage ne devait assombrir, carrière

trop tôt terminée, mais pleine de toutes les satis-
factions les plus enviables. Joies de la famille,
estime générale, santé, succès, honneur, fortune,
Vial eut toutes ces jouissances sans mélange, et
comme si la Providence eut veillé avec une jalouse
sollicitude à tous les détails de sa destinée, il en
avait reçu une épouse tendre et dévouée, qui
embellit sa vie, et qui devait adoucir d'une manière
touchante l'amertume de ses derniers moments.

En 1827, Vial est nommé chirurgien de l'Hôtel-
Dieu; c'est le poste qu'il ambitionnait et auquel
l'appelaient ses titres et ses études spéciales.— De
beaux succès l'y attendaient. — Jusqu'en 1840,
il amassa des matériaux qui lui servirent à compo-
ser quelques Mémoires importants qu'il publia
à partir de cette époque, et que nous allons passer
rapidement en revue.

Il s'était acquis une réputation de très-grande
habileté dans les accouchements; il en fit un nombre considérable. — Aussi son premier Mémoire
a-t-il pour sujet et pour titre : « Des principales
causes de danger dans les accouchements. »

Je ne sais si ce Mémoire a été publié ou s'il a
été adressé à quelque Société savante; on dirait
que l'auteur l'a écrit pour sa propre satisfaction.
Peu désireux d'être neuf, il ne s'inquiète pas de
citer les sources où il puise; il va droit à son but,
sans se laisser arrêter par des détails qu'il dédai-
gne. — A la manière dont il expose son opinion
sur les questions qu'il agite, on reconnaît bien
vite le praticien expérimenté, fort de son jugement
et de ses nombreuses observations.

Avant tout, il s'occupe de ce qui peut avoir une utilité pratique. Quand il aborde les hémorrhagies foudroyantes, si terribles pour les familles et pour le médecin, il recommande la compression de l'aorte abdominale comme le moyen le plus efficace, le plus immédiatement applicable. La compression aortique, en effet, non seulement suspend la perte, mais elle prévient la syncope inséparable d'une forte hémorragie, — syncope souvent mortelle ! Par cette manœuvre, on suspend en partie la circulation dans les régions sous-diaphragmatiques, et le peu de sang qui reste dans l'économie, insuffisant pour remplir l'arbre artériel tout entier, est retenu dans les parties supérieures, et réussit à entretenir dans le cœur et le cerveau, le degré de stimulation nécessaire à la vie.

Telle est la thèse principale qu'il soutient dans ce Mémoire, et à l'appui de laquelle il apporte des raisons puissantes et des faits éloquents.

Depuis quelque temps, M. Pétrequin tentait d'appliquer l'idée de Pravaz, sur l'électro-puncture des tumeurs anévrysmales ; il expérimentait cette méthode et sollicitait le concours de ses collègues.

Peu d'innovations se sont introduites dans l'art sous des auspices aussi favorables. Il s'agit de coaguler le sang dans la tumeur. L'électricité expérimentée sur des animaux à qui l'on a coupé la carotide, suspend pour un moment l'hémorrhagie par la formation d'un caillot brunâtre. L'analogie induit qu'elle agira de même sur le sang des tumeurs anévrysmales.

D'ailleurs le procédé est simple et facile, et dut-il n'avoir pas les résultats avantageux qu'on en espère, il semble dépourvu des graves dangers qu'on a à redouter des autres moyens employés d'ordinaire dans le même but. Aussi V AL se met à l'œuvre et donne à la science une Observation complète et intéressante à tous les points de vue.

Il s'agit d'un jeune homme qui, à la suite d'une saignée malheureuse pratiquée dans le but d'arrêter un crachement de sang abondant, porte au pli du coude une tumeur anévrismale.

VIAL pratique cinq fois l'électro-puncture; il voit à travers diverses péripéties la tumeur diminuer, — et, ce pauvre jeune homme atteint de phthysie pulmonaire, étant venu à mourir cinq mois après, l'autopsie démontra que l'opération avait réussi et que la guérison de l'anévrysme était complète; ce fait est suivi de réflexions fort intéressantes.

VIAL adressa ce travail à la Société de Chirurgie qui le fit imprimer dans ses Annales, et décerna à l'auteur le titre de membre correspondant.

Quelques années auparavant la Société Impériale de Médecine de Lyon lui avait accordé le même honneur.

Malheureusement, c'est tout ce que VIAL a écrit sur la chirurgie. — Là ne se bornait pas ce qu'il avait à écrire. — S'il avait pu jouir de ce repos qu'il désirait tant, et qui fuyait toujours devant lui, s'il avait pu rassembler et coordonner les faits nombreux recueillis dans son immense pratique, et dont nous connaissons quelques uns par ses conversations, il nous aurait laissé de précieux matériaux.

En 1851, Vial est nommé médecin des épidé-mies. — Il débute dans cette nouvelle fonction par la relation d'une affection typhoïde qui régna à Saint-Etienne, durant cette même année.

Il commence son travail par une esquisse topo-graphique de Saint-Etienne, fort intéressante et à laquelle on ne peut faire qu'un reproche, c'est d'être un peu trop courte.

La ville de Saint-Etienne, en effet, est dans une position qui doit avoir une très-grande influence sur la santé de ses habitants.

Elle est située à plus de 500 mètres au-dessus du niveau de la mer, dans la vallée du Furens. Cette vallée de forme long-congitudinale, se dirige du midi au nord et est encaissée au milieu de collines plus ou moins élevées, qui la garantissent des vents d'est et d'ouest ; il s'ensuit que les vents du nord et du midi sont dominants. On l'a comparée assez heureusement à un bateau ; c'est dans le fond de ce bateau qu'est bâtie la ville de Saint-Etienne, sur le terrain houiller.

On se rend compte d'après cela de la difficulté qu'éprouvent à s'élever les fumées que produisent les foyers domestiques, les fours à coke, les forges et les diverses autres industries qui consomment la houille en quantités considérables.—Ces fumées forment un dôme immense qui plane sur la ville et l'enveloppe comme un nuage impur.

Néanmoins, l'air qu'on respire à Saint-Etienne, quoique malpropre, quoique chargé de particules fuligineuses, quoique déjà un peu raréfié, cet air est sain ; et n'étaient les brusques changements de température qui, du soir au matin, se font sentir souvent plusieurs fois, nous serions dans de bonnes conditions hygiéniques. Les rhumatismes et les affections de poitrine, voilà notre lot dans le domaine de la pathologie ; mais, en revanche, il semble que nous soyons, grâce, sans doute, à l'altitude des lieux et à la disposition des montagnes que nous avons signalée tout-à-l'heure, à l'abri des grandes épidémies qui viennent à sévir dans les pays voisins. — C'est ainsi qu'en 1854, le choléra est venu jusqu'à notre porte sans pénétrer dans nos murs.

Sans doute, nous ne sommes pas tout-à-fait exempts de maladies épidémiques, témoin la fièvre thyphoïde de 1857 ; mais le mal paraît s'être développé sur place et être sorti du lit fangeux et desséché du Furens.

Grâce aux beaux travaux qui s'achèvent, grâce à la vigilance éclairée de l'administration, nous allons voir bientôt disparaître cette cause morbide, et notre état sanitaire s'améliorer encore.

Des eaux excellentes vont descendre en abondance des sommets granitiques du Pilat, traverser notre ville et remplir en tout temps le lit de la rivière.

Somme toute, à part la malpropreté dont il est difficile de se garantir, et pourvu que l'on n'ait pas de prédisposition à contracter des rhumatismes et surtout des affections des voies respiratoires, on vit à Saint-Etienne dans de bonnes conditions hygiéniques.

M. VIAL, après quelques rapides considérations sur les diverses industries de notre ville, entre dans le cœur de la question.

Il commence par faire un tableau saisissant de l'épidémie qu'il décrit ; puis il revient sur les principaux points qu'il développe avec beaucoup de sagacité.

Dans un alinéa relatif à la mortalité, notre auteur persuadé que, cette fois, sa voix ne se perdra pas dans le désert, profite de l'occasion qui se présente d'exposer quelques observations qui l'oppressent depuis longtemps.

Il dénonce, pour qu'il en soit déféré à qui de droit, une autre épidémie permanente, et bien autrement dangereuse et meurtrière que la fièvre typhoïde, celle des rebouteurs, rhabilleurs, raccrocheurs d'estomac, et, en général, guérisseurs de toutes les maladies passées, présentes et futures.

Abus monstrueux et immoral, dit-il, dont la répression est d'autant plus urgente, que les victimes appartiennent spécialement aux classes pauvres et peu éclairées de la société.

L'étiologie, la contagion lui fournissent deux chapitres fort intéressants, mais c'est quand il s'agit du traitement, que se dévoile le praticien consommé, prudent et judicieux. — Il n'adopte aucune médication exclusive, et cherche dans chacune d'elle un auxiliaire utile, quand l'hygiène n'est plus suffisante et qu'il faut agir.

Ce Mémoire, il est regrettable qu'il n'ait point songé à en enrichir les Annales de notre Société de Médecine.—C'est un modèle du genre.—C'est d'ailleurs ainsi qu'en jugea l'Académie Impériale de Médecine.

Voici, à cette occasion, la lettre que le Secrétaire perpétuel adressait au docteur Vial :

Monsieur,

J'ai l'honneur de vous informer que l'Académie Impériale de Médecine, sur le rapport de sa Commission des épidémies, doit vous décerner dans sa séance annuelle publique du 14 courant, une médaille d'argent pour votre beau travail sur l'épidémie de fièvre typhoïde qui a régné dans l'arrondissement de Saint-Etienne.

Agréez, etc.

C'est ainsi, Messieurs, que le docteur Vial débute dans les fonctions de médecin des épidémies. — Du premier coup il se fait remarquer et apprécier par les hommes placés à la tête de la science.

L'année suivante, en 1853, il eut encore à observer une légère épidémie de variole — qu'il étudie dans un second mémoire riche de faits et d'études consciencieuses.

Arrive l'année 1854 de néfaste mémoire ! Le choléra avait envahi la France. La terreur était partout. — Les populations jusque-là épargnées tremblaient de voir apparaître tout-à-coup le terrible fléau.

A Saint-Etienne, l'été avait été remarquable par une alternative de pluies abondantes et de chaleurs tropicales ; les embarras gastriques et intestinaux étaient très-fréquents, et semblaient être les avant-coureurs de l'épidémie redoutée.

Cependant, malgré l'imminence du péril, on avait encore observé aucun indice positif, lorsque, tout-à-coup, dans le courant du mois d'août, le bruit se répand que le choléra est à nos portes,

dans un malheureux bourg, près de Rive-de-Gier,
la Bachasse.

Vial part immédiatement pour étudier et combattre le fléau. Il trouve les médecins de la loca-
lité accourus sur les lieux mêmes du danger; il se
concerte avec eux sur les mesures à prendre.

Le choléra ayant fait d'affreux ravages dans ce
petit pays, (sur 97 malades il y eut 78 morts),
semble ne pouvoir s'étendre; et, après quelques
tentatives sur Rive-de-Gier et Saint-Chamond,
vient expirer à Saint-Étienne.

Les symptômes de la maladie n'offrirent rien
de particulier à observer en nos contrées ; ils furent
tels que dans les autres parties de la France qui
étaient envahies.

C'est sur l'étiologie principalement que M. Vial
concentre ses études. — Si, en effet, nous con-
naissions les causes qui produisent le choléra, qui
nuisent ou qui concourent à son développement,
il est probable que nous serions en possession des
moyens de le combattre efficacement.

On a parlé de l'influence des terrains. — M.
Vial va étudier à ce point de vue la marche du
choléra dans notre département.

Il remarque qu'il ne s'est jamais montré sur les
parties granitiques du mont Pilat et de la chaîne
nord-sud des montagnes du Forez, qui ont en
quelque sorte servi de cordon sanitaire à l'immense
plaine de ce nom ; que les terrains houillers qui
étaient réputés jouir du même privilége que les
granitiques n'ont pas été complétement respectés,
mais qu'ils ont eu un si petit nombre de victimes
que l'influence protectrice qu'on leur attribue a

peu ou point perdu de son prestige. — En effet, il semblait qu'au milieu de populations ouvrières, soumises à tous les agents délétères qui pèsent généralement sur les classes pauvres de la société, le fléau dût faire d'affreux ravages. — Il n'en fut rien. — Puisqu'en définitive, il n'y eût dans tout le département que 755 malades, — et sur ce nombre on compta 274 morts et 461 guérisons.

Ces faits développés avec talent sont pleins d'intérêt.

Ce Mémoire terminé au mois de décembre 1854, est le dernier travail du docteur Vial.

Quelque temps après (29 janvier 1855), il recevait la croix de la Légion-d'Honneur, digne récompense d'une longue carrière si honorablement et si utilement remplie!

La pratique médicale du docteur Vial était judicieuse et prudente. — C'est là qu'il faut chercher le secret de son grand succès.

Les idées de Broussais dominaient à l'époque de ses études; elles étaient propagées par des hommes d'un grand talent avec l'ardeur du prosélytisme. — Cette première direction reçue par Vial, a sans doute exercé une grande influence sur ses principes théoriques et pratiques, mais son jugement droit ne lui permit pas d'adopter d'une manière exclusive les doctrines régnantes. — Dans ses écrits on trouve maints passages qui confirment mon dire: aussi dans son Mémoire sur les principales causes de dangers dans les accouchements, on lit: « Dites » alors qu'il y a gastrite chronique, dyspepsie, » embarras gastrique ; donnez à ces maladies le » nom qu'il vous plaira, suivant les idées médi-

» cales dans lesquelles vous avez été nourri, peu
» importe, toujours est-il que la diète, etc. »

Il ne faudrait pas en conclure que le docteur
VIAL fut sceptique ou même indifférent en matière
de doctrines.

Comme tout homme sérieux, arrivé à un certain
âge, il avait en médecine ainsi que dans toutes les
matières importantes de la vie intellectuelle et
morale, des idées philosophiques arrêtées; mais
tolérant par nature, il ne cherchait à les imposer
à personne ; — il en parlait peu, sachant très-
bien que, le plus souvent, des discussions sur ce
sujet n'aboutissent à aucun résultat utile.

Son esprit positif le portait surtout vers l'étude
des faits. — Aussi il en était riche; et sa mémoire,
vous le savez, Messieurs, lui en fournissait d'intéressants sur la plupart des sujets qui étaient en
discussion au sein de la Société de Médecine.

A l'exemple des grands praticiens de tous les
temps, il avait horreur de la polypharmacie.

Lorsqu'il en parlait, il se laissait volontiers
aller à cette boutade: je vois, disait-il, donner
quatre, six, dix remèdes à la fois; l'un doit dé-
gorger la rate, l'autre l'intestin ; celui-ci calmer
les douleurs de tête, celui-là faciliter l'expecto-
ration, etc., comme si l'estomac était une espèce
de boîte aux lettres chargé d'envoyer chacun à
destination.

Ce sujet avait le privilége d'exciter sa verve
satyrique. — C'est que, de notre temps, cet abus
des remèdes est une des plaies de la médecine;
c'est un obstacle au progrès et surtout à la guérison des malades. — *Pauca prudenti* disait avec

sagesse Baglivi. — En effet, quelques médicaments dont on connaît bien l'action, puis et surtout l'application bien entendue des règles hygiéniques, voilà les ressources qui doivent suffire à un médecin judicieux.

VIAL fut bien le type du médecin praticien tel que nous pouvons le concevoir dans une de ses formes heureuses. — Il possédait à un rare degré l'art de rassurer ses malades. Sa physionomie franche, ouverte, inspirait la confiance et l'espoir.

— Il savait merveilleusement accomoder ses manières aux situations diverses et à l'état moral de ceux qui le consultaient ; et dans toutes les sphères de la société, depuis les plus hautes jusqu'aux plus modestes, VIAL avait su par sa bienveillance, son affabilité, sa droiture et son dévouement, acquérir des amitiés solides.

Il était universellement aimé et estimé de ses confrères qui le portèrent deux fois en quelques années à la Présidence de la Société de Médecine de Saint-Étienne, et qui, après sa mort, décidèrent par un vote unanime que son portrait serait placé dans la salle des séances. — Honneur qui n'a été encore décerné à personne.

Rien n'est plus utile que d'écrire la vie des hommes de bien. — Il y a dans leur histoire comme un parfum d'honnêteté qui séduit l'esprit, fortifie le cœur, et suscite en nous le goût et l'amour des belles choses.

Puisse-je avoir exprimé comme je le sens tout ce qu'il y avait de bon et d'élevé chez notre regretté confrère le docteur VIAL.

Saint-Étienne, imprimerie PICHON, rue Brossard, 9.